AF249547

# DESCRIPTION DE LA FRANCE EQVINOCTIALE,

## CY-DEVANT APPELLEE GVYANNE, ET PAR LES ESPAGNOLS, EL DORADO.

Nouuellement remife fous l'obeïffance du Roy, par le Sieur LE FEBVRE DE LA BARRE, fon LieutenantGeneral dans ce Païs.

AVEC LA CARTE D'ICELVY, FAITE ET PRESENTEE à Sa Majefté par ledit Sieur DE LA BARRE.

*ET VN DISCOVRS-TRES-VTILE ET NECESSAIRE pour Ceux qui voudront-établir des Colonies en çes Contrées; Qui les détrompera des Impoftures dont tous Ceux qui en ont parlé ont remply leurs Ecrits; Et leur fera connoiftre la force, le nombre, & le naturel des Indiens de cette Cofte, & ce qu'elle peut produire d'auantageux pour le Commerce de l'Europe.*

### A PARIS,

Chez IEAN RIBOV, au Palais, vis à vis la Sainte Chapelle, à l'Image Saint Louis.

### M. DC. LXVI.

## AVEC PRIVILEGE DV ROY.

# DISCOVRS
## SVR LES MOTIFS
### DE L'ENTREPRISE
### DE LA TERRE FERME
### DE L'AMERIQVE,

*ET RECIT SOMMAIRE*
*du Voyage & Retour en France*
*de l'Autheur.*

A pensée que i'auois euë de ne point faire paroiſtre mon nom en aucun endroit de cet Ouurage, m'auoit perſuadé que ie pouuois me diſpenſer de mon Voyage, & des motifs qui me l'ont fait entreprendre: mais puis que ceux qui m'obligent à luy faire voir le jour, croyent qu'il eſt de conſequence qu'vn aueu

public que i'en feray authorife les veritez que l'on tient;
il me paroift important que l'on fçache que le defir de
la gloire, & de faire voir aux Nations de l'Europe, que
les François eftoient capables de faire reüffir les entreprifes les plus difficiles, m'a fait naiftre les penfées de
rétablir l'honneur de noftre Nation, que le mauuais
fuccés des deux entreprifes cy-deuant faites en la Terre
ferme de l'Amérique luy auoient fait perdre en ce Païs
auec autant de honte, que de dommage.

Le bonheur m'ayant fait rencontrer vn illuftre &
genereux Amy (au zele duquel la France fera redeuable
d'vne reconnoiffance eternelle) de qui les foins forme-
rent en peu de jours vne Compagnie pour cette entreprife, fous la protection d'vn des plus zelez Subjets que
la France ait iamais veu poffeder les bonnes graces de
fon Maiftre; Ie me réfolus fans peine d'expofer tout ce
que nous auons de plus prétieux pour vn fuccés dont la
gloire ne me paroiffoit pas commune, puis que plufieurs
autres auroient efté facilement détournez d'vn pareil
deffein, tant par les périls dont il eft accompagné, que
par la funefte & fanglante cataftrophe des deux Chefs
des entreprifes precedentes.

M'eftant donc donné tout entier à l'execution de
ce noble Projet, & ayant efté fortement foûtenu &
fecondé par cette Illuftre Compagnie qui a feruy de
baze à celle des Indes Occidentales; ie mis à la Voile à
la Rochelle le 26. Fevrier 1664. & apres vne heureufe
Nauigation découuris les Terres hautes de Cayenne le
vnziéme May de la mefme année, les Efcales des Ifles de

Madorc & de S. Iacques du Cap-vert, ayant allongé noſtre Nauigation de vingt jours.

A ma deſcente en cette Iſle, d'autres gens moins réſolus euſſent eſté épouuantez par le nombre de nos malades, par les reſtes languiſſans de la Colonie Holandoiſe que noûs trouuâmes en ce lieu, & par les malédictions que ces pauures gens donnoient à vne Terre qu'ils n'auoient daigné cultiuer; comme ſi elle euſt dû ſans trauail de leur part, & ſans aſſiſtance de l'Europe, leur fournir toutes les choſes neceſſaires à la vie. Leurs viſages parloient autant que leurs langues; & ces vifs tableaux de leurs miſeres, quoy qu'ils ne fiſſent point d'impreſſion ſur les eſprits de mes Officiers, en firent neantmoins ſur ceux de quelques-vns de mes Volontaires & Soldats; deſquels la crainte & le dégouſt m'ayant paru, ie crûs qu'il eſtoit meilleur de les renuoyer d'abord en France, que de les garder à contre-cœur, dans vn Païs où il ne faut aucune préuention d'eſprit pour y poſſeder vne ſanté parfaite, & où leur chagrin nous auroit fait plus de mal en vn jour, qu'ils ne pouuoient rendre de ſeruice en vn mois. Et c'eſt à ces foibles Eſprits qui n'ont eu de la Nature que la crainte & la legereté en partage, que Cayenne eſt redeuable du décry où ils auoient mis le Païs dans toute l'année 1664. & juſques en May 1665. par les fauſſetez qu'ils en ont debitées, & deſquelles ils ont voulu couurir leur lâcheté, & enſeuelir leur honte.

D'autres gens, dis je, auroient tombé à la veuë de ces miſeres; mais ceux qu'vn veritable honneur anime, font bien capables de compaſſion, mais non pas de crainte. Le malheureux eſtat de ceux qui nous auoient precedé, ſeruit d'éguillon à noſtre diligence; & profitans de l'exemple de leur diſgrace, chacun ſe réſolut de conſiderer la parreſſe comme le ſeul ennemy qui nous pouuoit détruire, & duquel nous auions à nous garentir. Pour cela, chacun ſe donnant volontairement au trauail, & perſonne ne s'en exemptant depuis le Chef juſques au moindre petit Garçon, l'on vit naiſtre en peu de temps de ces miſerables reſtes les eſperances d'vn ſolide établiſſement.

Les Indiens qui ne nous regardoient que comme leurs anciens ennemis, changerent bien-toſt de penſée, lors qu'ils connurent l'exactitude de l'obeïſſanee, l'ordre de la diſcipline, & la chaleur auec laquelle chacun s'appliquoit au trauail. Ils nous diſoient que nous n'eſtions pas de la Nation de ces François qui nous auoient precedez, leſquels ne faiſoient que ſe quereller, ſe battre, & ſe tuer les vns les autres; & qui au lieu de s'adonner au trauail & culture de la Terre, n'auoient d'autre occupation que d'aller voler dans leurs Iardins & Plantages tout ce qu'ils pouuoient en tirer pour leur ſubſiſtance.

Cette maniere de vie embraſſée auec zele d'vn chacun, jointe à vne aſſez bonne nourriture pour le Païs, euſt bien-toſt ſon effet, & la fin des maladies: L'acheuement de pluſieurs Baſtimens conſidérables, & le défrichement de grandes Campagnes aux enuirons du Fort Loüis, firent bien-toſt perdre la penſée ( à ceux qui eſtoient perſuadez que l'inquietude Françoiſe ne permettoit pas à cette Nation d'établir de grandes Colonies ) que celle-cy pût eſtre détruite par rien de ſemblable de la part de ceux qui y trauailloient.

Les mois de Iuillet, Aouſt, Septembre, Octobre, & Nouembre, furent employez à abattre & brûler des Foreſts entieres, & baſtir des maiſons : Decembre, Ianvier, Fevrier, Mars, Avril, May & Iuin, à planter des viures & des Cannes de Sucre : Et le premier ſecours de France arriué en Fevrier, fit naiſtre l'enuie à ces nouueaux Amériquains de ſortir de l'enclos de leur Iſle, & d'aller en la Terre ferme rétablir l'honneur du Nom François ſi décrié parmy les Indiens, & profiter en meſme temps de la Peſche de la Tortuë qui y territ en aſſez bonne quantité.

C'eſt pour ce ſujet qu'au mois de Fevrier il fut fait vn détachement de cinquante Hommes choiſis pour aller s'établir à Corrou, belle Riuiere, à douze lieuës de Cayenne, à l'Oüeſt Nordoüeſt, le long de la Coſte, où ils ont ſi bien reüſſy, qu'és mois de Mars, Avril, May & Iuin ſuiuans, outre leur nourriture, ils ont enuoyé plus de vingt-cinq mille liures peſant de Tortuë, partie fraiſche, partie ſalée, à la Colonie de Cayenne; ce qui eſt vn grand ſecours en ces Païs, & ſur tout dans le commencement des établiſſemens.

Perſonne ne doutera de la ſatisfaction que i'auois de voir mon entrepriſe proſperer ſi auantageuſement, ny de la joye que me donnoit l'vnion parfaite de nos Officiers, & le zele de nos Soldats & Habitans. Ie me laiſſois

déja doucement flater par les belles efperances qui deuoient fuiure de fi heureux commencemens, quand la
longueur obftinée d'vne maladie opiniaftre & doulou-
reufe m'arracha à mes pauures Compagnons, & me
contraignit (dans la crainte d'enfeuelir par ma mort
diuers connoiffances que i'auois acquifes en mon
Voyage, & pendant treize mois de fejour dans le Païs)
de venir chercher en France la guerifon, que tous les
remedes de la Medecine n'auoient pû me donner en ce
Climat étranger, dans le deffein de retourner à ma chere
Colonie, fi-toft que ie pourrois auoir affez de forces,
pour aller luy facrifier des foins, & vne vie fur qui l'a-
mitié, le refpect, & l'obeïffance de tous ceux qui la
compofent, fe font acquis vn pouuoir tout entier.

Le Ciel qui fauorife les intentions droites & pures,
me fit recouurer ma fanté fur vn Element qui altere le
plus fouuent celle des plus robuftes : En forte que ie
fuis arriué en France, en eftat de pouuoir rendre compte à noftre Grand & Illuftre Monarque, de ce que i'a-
uois fait pour la gloire du Nom François, & l'augmen-
tation de fa Monarchie.  I'ay efté affez heureux pour
receuoir de fa bonté toutes les careffes & toutes les mar-
ques d'eftime & de fatisfaction, que de plus grands fer-
uices auroient pû faire efperer.

Sa Majefté ayant defiré que ie luy fiffe vne Carte de
la Guyanne ( que nous nommerons d'orefnauant
France Equinoctiale ; ) Et n'ayant pû refufer à l'Agent
de Meffieurs les Electeurs de Bauieres & de Mayence,
vne explication de cette Carte, i'en auois fait la Defcription

cription qui fuit, dans la penfée qu'elle ne feroit veuë
que de ces Meffieurs, & de quelques-vns de mes particuliers Amis. Mais comme ie n'ay pû me defendre de
la priere de plufieurs Perfonnes qui ont vn pouuoir
abfolu fur moy, & qui m'ont preffé de luy faire voir le
jour; ie n'ay pas crû me pouuoir difpenfer de la faire
préceder par ce Difcours, qui m'a paru en quelque
façon neceffaire pour fon intelligence. I'aurois poly
l'vn & l'autre, & recherché la délicateffe de l'expreffion
auec plus de foin, fi les occupations & l'embarras que
me donne l'équipement d'vne Flote confiderable auec
laquelle i'efpere eftre en Mer dans le mois d'Avril pro-
chain, pour aller reporter la joye & des fecours confi-
derables à nos pauures Amériquains, m'auoient laiffé
affez de temps pour relire ce que ie n'ay écrit que d'vn
trait de plume, & auec vne fimplicité que l'on excufera
fans doute, puis qu'elle eft accompagnée d'vne fince-
rité parfaite, & d'vne verité tres-exacte, fur laquelle on
peut faire vn fondement d'autant plus affuré, que ie
n'ay eu d'autre but dans ce petit Ouurage, que de la faire
connoiftre fans aucun déguifement ny artifice.

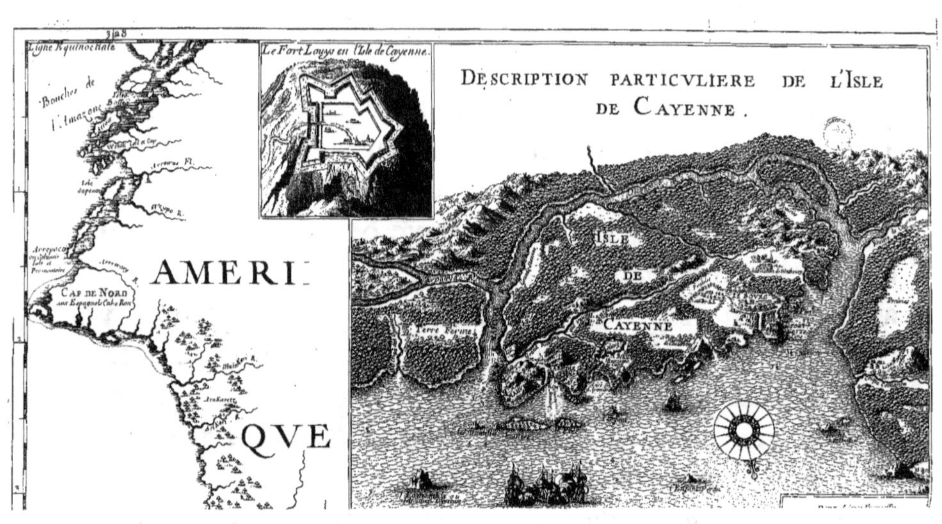
Ligne Æquinocciale
Bouches de l'Amazone
Isle
Aperwou Fl.
W^po R.
Isle
Cayenne
Arreycou
en Espagnol Isla et
Promontoire
Arreway
CAP DE NORD
ane Espagnol Cabo Roxo
AMERI-
QVE
Le Fort Louys en l'Isle de Cayenne.
DESCRIPTION PARTICVLIERE DE L'ISLE
DE CAYENNE.
ISLE
DE
CAYENNE
Fort Ceperou

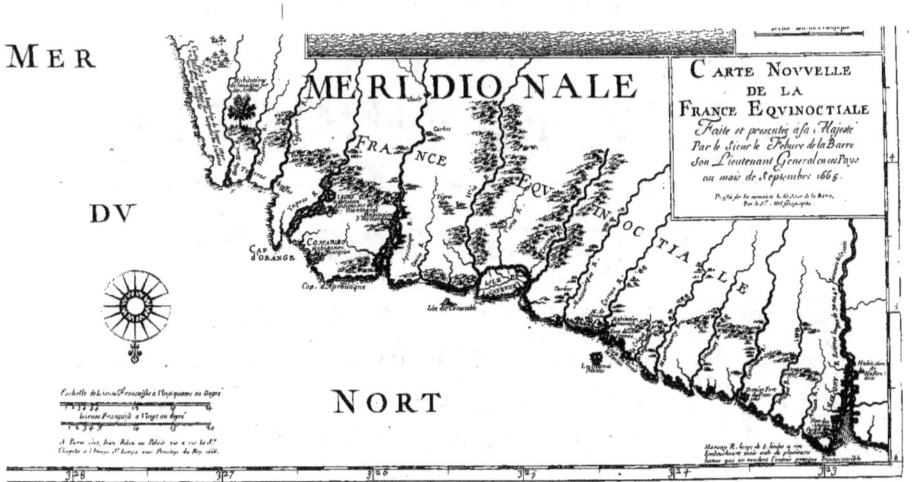

MER
DU
NORT
MER MERIDIONALE
FRANCE EQVINOCTIALE
CARTE NOVVELLE
DE LA
FRANCE EQVINOCTIALE
Faite et presentée a sa Majesté
Par le Sieur le Febure de la Barre
Son Lieutenant General en ces Pays
au mois de Septembre 1665.
Cap d'Orange
Cap. d'Aprouaque
Isle du Conestable
Comaribo Habitations Françoise
Yapoce R.
Echelle de Lieues Françoises à l'Vingt quatre au Degré
Lieues Françoise a l'Vingt au degré
A Paris chez Iean Ribou au Palais

# DESCRIPTION
# DE LA GVYANNE,
## OV
# FRANCE EQVINOCTIALE.

---

## AVANT-PROPOS.

L E peu de précaution qu'ont apporté tous ceux qui ont parlé dans leurs Ecrits du Païs dont i'entreprens de faire la Description, à ne pas s'écarter de la verité ; & l'affection qu'ils ont eü d'amplifier les moindres choses, de taire les plus considerables ; ou de n'en faire pas l'estime qu'ils deuoient, m'a obligé de mettre la main à la plume, pour faire paroistre au jour vne verité d'autant plus importante, que les vaines esperances d auantages imaginaires qu'ils ont donné, lors qu'ils ne parloient pas des solides & effectifs, prouenant du peu de connoissance qu'ils ont eü d'vn Païs où ils ont fait, ou peu de sejour, ou dans lequel ils ont resté comme des

B ij

Prifonniers dans leurs Forts & Habitations, fans pouuoir par eux-mefmes s'inftruire des chofes qu'ils ont
écrites, pouuoient abufer beaucoup de Perfonnes qui
y auroient donné vne trop facile creance.

Ce petit Récit des chofes que i'ay obferuées moy-
mefme auec foin, ou dont i'ay fait prendre les connoiffances par vn des plus habiles Pilotes de ce temps,
qui a efté employé pendant vn an entier à vifiter toutes
les Riuieres de cette Cofte, ne fera pas infructueux à
ceux qui auront la penfée d'aller ou d'enuoyer peupler
cette grande & vafte étenduë de Terre ; dont pour vne
plus facile intelligence, ie diuiferay la Defcription en
trois Chapitres. Le premier contiendra celle du Païs ;
Le fecond, celle de la nature & qualité d'iceluy, des productions de la Terre, des auantages que l'on en peut
tirer, & du naturel, du nombre, des interefts, & de la
maniere de viure des Indiens qui l'habitent ; Et le troifiéme, celle de l'eftat où eftoient les Colonies Françoifes
qui occupent cette Cofte le dernier Aouft 1665. y joi-
gnant vn petit Difcours fort vtile pour ceux qui voudront aller établir des Colonies en ces Terres ; puis qu'il
leur fera connoiftre le temps & la maniere des Embarquemens neceffaires pour cet effet, & plufieurs autres
enfeignemens dont l'experience feule nous a donné la
connoiffance.

# CHAPITRE PREMIER.
## Description du Païs.

LA France Equinoctiale, appellée cy - deuant Guyanne, & par les Espagnols *El Dorado*, est cette Coste de Terre ferme, qui commence sous la Ligne à la pointe du Nord de l'embouchure de la grande Riuiere des Amazones, & court premierement au Nord, quart de Nordest, jusqu'au Cap de Nord puis Nord Nordoüest jusqu'au Cap d'Orange, de là jusqu'à l'embouchure de la Riuiere de Marony Nordoüest quart à l'Oüest, & depuis celle de Marony jusqu'à celle de l'Orinoque Oüest, Nordoüest, & quart de Nordoüest ; le tout contenant à peu pres trois cens lieuës Françoises de costé, coupée d'vn nombre presque infiny de Riuieres, qui fournissent vne commodité tres-grande à ceux qui habitent & qui voudroient cy-apres peupler cette vaste étenduë de Païs, à qui nous ne donnerons point de bornes dans les Terres.

Pour en faire vne exacte Description, nous la diuiserons en trois Parties. La premiere contiendra toutes les Terres qui sont depuis la Ligne, jusqu'au Cap d'O-range : La seconde, celles qui forment la Coste depuis ce Cap jusqu'à la Riuiere de Marony ; Et la troisiéme,

celles qui font depuis cette Riuiere jufqu à celles de
l'Orenoque : Lefquelles trois Parties l'on pourra proprement appeller du nom de ceux qui les habitent ; fça-
uoir, la premiere, Indienne, à caufe que toutes ces Terres
ne font occupées que par les Indiens ; la feconde, Françoife, parce que les François font à prefent Maiftres de
toute la Cofte, & y ont étably des Habitations confide-
rables, auec des Forts pour s'y maintenir ; la troifiéme,
Anglicane & Belgique, parce que les Anglois & Flamans y ont diuerfes Habitations, & en font comme les
Maiftres & Seigneurs.

La Guyanne Indienne, qui contient enuiron quatre-
vingts lieuës Françoifes, eft vn Païs fort bas & inondé
vers les Coftes Maritimes, & depuis l'embouchure des
Amazones jufqu'au Cap de Nord, qui eft prefque in-
connu aux François ; depuis lequel jufqu'au Cap d'O-
range, quoy que le Païs foit de mefme nature, & que
l'on ne voye fur fes Riuages aucune Terre releuée, ny
Montagne, mais feulement des Arbres comme plantez
dans la Mer, & diuerfes coupures de Ruiffeaux & Riuieres, qui ne produifent d'autre afpect que l'objet d'vn
Païs noyé ; l'on ne laiffe pas d'auoir vne plus grande
connoiffance de ces Terres, parce que les Barques Françoifes, Angloifes, & Holandoifes, y vont fouuent traitter du Lamentin ou Vache de Mer, que les Aracarets
& Palicours qui habitent cette Cofte, leur traittent
apres les auoir harponez dans les Ruiffeaux & Marais
qui compofent la meilleure partie de la Terre qu'ils
habitent.

Nous connoiſſons dans cette Coſte les Riuieres d'A-
ricary, Vnimamary, & Caſſipouro ; dans les deux premieres deſquelles la Mer monte en barre de ſept, huit
à neuf braſſes à pic, auec vn péril extraordinaire des
Baſtimens qui y ſeroient entrez, & ne ſe ſeroient pas
mis à couuert de ladite barre, ou derriere quelque Iſle
(dont il y en a pluſieurs) ou dans quelques ances, où les
Nauires & Barques demeurent à ſec, apres que la Mer
s'eſt retirée. Le peu de Terre propre à eſtre cultiuée, & la
mauuaiſe qualité de l'air de cette Coſte, la rend inhabitable aux Européens, qui y ſont preſque tous malades
dans leurs Vaiſſeaux & Barques, lors que par la durée de
leur traiſte ils ſont obligez d'y faire vn ſejour conſide-
rable : Les originaires meſmes ſouffrent ſi fort de ces
incommoditez, qu'aucun d'eux, faute de pouuoir trouuer des Terres hautes, ou baſtir leurs Maiſons, ſont
contraints de les placer ſur des Arbres, où elles reſſem-
blent mieux à des nids de gros Oyſeaux, qu'à des re-
traites d'Ames raiſonnables. Ainſi nous ne croyons
pas qu'on doiue faire eſtat de ce Païs pour s'y habituer ;
car quand il ſeroit plus releué à douze ou quinze lieuës
des Coſtes ( ce que nous ignorons ) & que l'on y pourroit monter par quelque Riuiere, il eſt preſque infail-
lible que cet air groſſier & fiévreux, qui eſt rendu tel par
la grande étenduë de Terre que la Mer couure & aban-
donne à toutes les Marées, ſe communiqueroit bien
auant dans les Terres qui ſe trouueroient moins aqua-
tiques. Ainſi ie ne m'arreſteray pas à en faire vne plus
ample deſcription, tant parce que ie n'en ay pas pour

moy-mefme vne parfaite connoiffance, que parce que
i'eftime qu'elle feroit peu vtile à ceux qui verront ce
Récit ; me referuant à le faire cy-apres, fi i'y remarque
quelque chofe de confiderable dans le Voyage que i'y
feray exprés dans quelques mois, pour en eftre parfai-
tement inftruit.

La Guyanne Françoife, proprement France Equinoctiale, qui contient quelques quatre-vingts lieuës Françoifes de Cofte, commence par le Cap d'Orange, qui eft
vne pointe de Terre baffe qui fe jette à la Mer, & dont
l'on prend connoiffance par trois petites Montagnes
que l'on voit par deffus, & qui font au dela de la Riuiere
de Yapoco, qui fe jette à la Mer fous ce Cap, lequel
pouffe vn banc de vafe dix à douze lieuës à la Mer ; en
forte qu'à fix &fept lieuës de Terre, vous ne trouuez que
quatre braffes & demie d'eau de baffe Mer, vis à vis la
pointe de ce Cap : Il gift par les trois degrez, quarante
minutes Nord de la Ligne, quoy qu'aucuns le mettent
par les quatre degrez : La Riuiere d'Yapoco qui eft fous
ce Cap, eft large d'vne lieuë & demie, à fon embouchure, porte trois braffes de fonds dans fon Chenal, qui
eft de la bande de l'Oüeft : Les Terres qui font de l'autre
bord, font baffes, & la plufpart noyées ; mais dans celles
qui font du cofté du Chenal, il y a plufieurs Montagnes
belles & habitables. Les Yaos Indiens y ont vne Habitation plus belle & mieux cultiuée, que l'on ne le
pourroit attendre du foin barbare de ces gens-là, qui y
font au nombre d'enuiron trente-cinq ou quarante.
Ils font fi anciens Habitans de ces Coftes, que ie con-

nois

nois & ay parlé pluſieurs fois à vn Anacaïoury, petit-
fils d'vn Anacaïoury, que Iean Mocquet dit auoir veu
en 1604. Roy de ce Païs. En quoy il erre, ces Peuples
n'ayans point de Roys, mais des Chefs dans chacune
Famille, comme cet Anacaïoury l'eſtoit alors de celle
auec laquelle Mocquet negotia. Cette Riuiere d'Yapoco
eſt abondante en bon Poiſſon, & ſur tout en Muleſts,
que l'on y prend en abondance dans le temps des ſe-
chereſſes, & qui ſe gardent ſalées trois & quatre mois.
Nous n'auons pas encore connoiſſance de cette Riuiere plus loin que trois ou quatre lieuës haut dans les
Terres ; mais elle eſt nauigeable, & auant qu'il ſoit vn
an, l'on en ſera plus inſtruit.    A vne lieuë, & le long de
la Coſte, eſt la Montagne de Comaribo, qui a vne belle
Source d'eau viue, & vne Crique au pied, où les Canots
ou Chaloupes peuuent entrer.    Les Terres de cette
Montagne paroiſſent fort bonnes, & donnent eſpe-
rance de belles productions à l'auenir. La Coſte juſqu'au
Cap d'Aprouaque eſt Terre baſſe au bord de la Mer ;
mais qui ſe releue en Montagne à quatre ou cinq lieuës
dans le Païs. La Riuiere d'Aprouaque, qui eſt éloignée de huit lieuës d'Yapoco, eſt belle & d'vne entrée
facile, & qui porte trois ou quatre braſſes d'eau de baſſe
Mer ; Les Terres en ſont baſſes à ſon entrée juſqu'à
quatre & cinq lieuës haut ; Les Holandois y auoient
cy-deuant étably vne Colonie de quatre-vingts à cent
perſonnes, qui faute d'auoir eſté ſoûtenuë & aidée, a
deſerté pour la plûpart, & s'eſt retirée auec les François
dans l'Iſle de Cayenne : ce qui en reſte ne ſubſiſte plus

C

que par leur aide & affiſtance, s'eſtans mis ſous leur protection. A ſept à huit lieuës dans la Riuiere, les Terres
ſe releuent en belles Montagnes habitables, & capables
de contenir vn nombre tres-conſiderable de Familles.
Cette Riuiere court au Suroüeſt, & eſt nauigable juſqu'à vingt-cinq lieuës que l'on trouue vn ſault où l'on
fait auec peine monter les Canots : de là, juſqu'à trente-
cinq lieuës, il y en a encore deux autres, où l'on paſſe
auſſi auec peine; mais à trente-cinq lieuës il s'en rencontre vn, que l'on n'a point encore paſſé, les Canots
n'y ayant pû remonter. Si lors que l'on a fait cette Nauigation, l'on euſt eü des montures pour porter des
viures, l'on euſt auancé fort auant vers le Païs où les
Cartes nous marquent ce fameux Lac de Parimei ; &
lors que les François y auront des Habitations, ils pourront reprendre cette route, & entreprendre cette découuerte, dont les auantages ſont celebrez par tant
d'Ecriuains. A quatre lieües d'Aprouaque eſt la Riuiere de Canu ; pres de ſon embouchure il y a des Montagnes dans leſquelles l'on nous aſſure qu'il s'y trouue
de la mine de Lapis Lazuli. A huit lieües eſt l'embouchure de la Riuiere de Vuia, & la pointe de l'Iſle de
Cayenne, marquée dans les Cartes improprement Riuiere de Mahury. Toutes les Terres depuis Aprouaque
juſqu'à la Riuiere de Vuia, à trois lieües pres des bords
de la Mer, ſont Terres baſſes & noyées ; mais plus auant,
tout le Païs eſt releué de belles Montagnes & Colines
tres-propres à faire des Plantages & Habitations ; L'embouchure de la Riuiere fait vne maniere de Port, qui eſt

feur contre tous vents, & où il y a vn bon moüillage
fur trois braffes d'eau de baffe Mer; Il faut monterpres
de trois lieuës entre la Terre ferme, & l'Ifle de Cayenne,
pour trouuer le vray Canal de la Riuiere que l'on rencontre à la Bande du Sud, courant Sud-Sudoüeft &
Sudoüeft, fur deux braffes & demy de profondeur, jufqu'à douze & quinze lieuës auant dans les Terres qui y
font les plus belles du monde, releuées en petites Colines
couuertes de grand Bois fuftaye d'vne hauteur & grof-
feur extraordinaire; ce qui nous eft vne marque prefque
certaine de la bonté du Terroir. Cette Riuiere con-
ferue par tout vne bonne portée de Moufquet de largeur, & coule fi doucement, qu'on la peut monter à
trauerfer auec toute facilité: Son embouchure eft de-
fenduë par la pointe de Mahury, de l'Ifle de Cayenne
où les François font bien établis, & ont vne Batterie de
quatre Pieces de Canon. L'Ifle de Cayenne, qui contient quelques dix fept lieuës de circuit, & en prefente
cinq à la Mer, eft formée par cette Riuiere, celle de
Varca & celle de Cayenne: Le Terroir en eft releué de
plufieurs petites Montagnes agreables à la veuë, & commodes pour y établir des Habitations: Elle eft coupée
d'vne Riuiere d'eau falée, autrement appellée Crique,
qui trauerfe les deux tiers de l'Ifle, & donne vne commodité fort grande pour la communication de toutes
les Habitations, & pour le tranfport des marchandifes:
Elle eft arrofée de plufieurs Ruiffeaux, qui luy fourniffent non feulement de bonnes eaux; mais qui donnent
auffi le moyen d'y conftruire des Moulins à Sucre à eau.

L'embouchure de la Riuiere de Cayenne, fous le Fort Loüis, y fournit vn Port admirable, où les Vaiffeaux font à l'abry de tous vents, & où la décharge des marchandifes eft fi facile, qu'on peut échoüer les Vaiffeaux à Terre, & les amarer pour en tirer les marchandifes, & cela fans aucun rifque : Il y a trois braffes & demy d'eau à fon entrée demy flot, & dedans cinq, fix, fept & huit braffes plus vous montez dans la Riuiere; de laquelle les bords jufqu'à quatre & cinq lieuës haut, font des Terres baffes & noyées; mais apres cela, il paroift beaucoup de belles Montagnes. La Cofte qui eft depuis fon embouchure jufqu'à la Riuiere de Carrou, & qui contient douze à treize lieuës, eft de fable & terrain, vny & fec : Dans les Terres font de belles Plaines qu'ils nomment Sauanes, qui ne font point inondées, & dans lefquelles l'on peut nourrir plufieurs milliers de toutes fortes de Beftiaux : Auffi eft-ce dans cet endroit, & le long des bords de la Riuiere de Macouriaque, à fept lieuës de Cayenne, & à fix de Corrou, où habite le plus grand nombre d'Indiens de toute la Cofte : Les Arecarets y ont quatre Habitations, & y font au moins cent à fix-vingts perfonnes : Les Galibis y en ont cinq ou fix, & font bien en pareille quantité; mais peu d'Hommes capables de porter les armes. Les Terres de cet endroit ne font pas fi graffes que celles des Colines & des Montagnes; & neantmoins celles que les Indiens y cultiuent, leur produifent les viures en abondance, & les Cannes de Sucre & le Tabac prefque auffi beau & bon qu'aux autres endroits. I'eftime neantmoins que ce

Canton doit eſtre deſtiné pour les paſturages, y eſtant
tres-propre, & le Païs tout découuert; pour cela, les
Indiens ayant beſoin tous les ans de mettre le feu dans
ces Sauanes, & de les brûler, de peur que le bois n'y re-
pouſſe, comme il fait aux autres lieux qui ne ſont pas
cultiuez.

La Riuiere de Corrou n'eſt pas ſort large, & eſt d'vne
aſſez difficile entrée à ſon embouchure; mais elle a beaucoup de profondeur, & on la remonte plus de trente
à trente-cinq lieuës haut dans les Terres; l'air y eſt fo
ſain, & les Terres fort bonnes pour y faire vn nombr
tres-conſiderable d'Habitations. Depuis la pointe juſqu'à la Crique de Coroüabo qui en eſt éloignée de cinq
lieuës, eſt vne ance de ſable où les Tortuës terriſſent
dans la ſaiſon en aſſez grande quantité, c'eſt à dire où
elles viennent pondre dans le ſable; ce qui ſe fait en
cette ſorte. Au mois de Mars, Avril, May, & Iuin, les
Tortuës preſſées de mettre leurs œufs à terre pour la
multiplication de leur eſpece, ſortent la nuit de la Mer;
& apres auoir obſerué ſi perſonne ne paroiſt au lieu où
elles ont deſtiné de mettre leurs œufs, montent ſur le
ſable juſqu'à l'endroit qu'elles ne le trouuent plus ſalé
à la langue, & là font vn trou d'vn pied, ou pied & demy
de profondeur, où elles pondent deux ou trois cens
œufs pendant l'eſpace d'vne petite heure, puis recou-
urent la place, & reprennent le chemin de la Mer. C'eſt
à ce retour que ceux qui les attendent & épient, les
abordent & les retournent ſur le dos, ſans qu'elles puiſſent plus ſe remettre ſur leurs pieds, demeurans ainſi la

proye de celuy qui en fait la pefche, que l'on nomme
tourner la Tortuë. A trois lieuës de Coroüabo eft la
Riuiere de Manamanory, peu confiderable, mais le
long de laquelle il y a de tres-bonnes Terres à faire Habitations. A cinq lieuës l'on trouue Sinamary, Riuiere
plus confiderable, & dans laquelle les petits Nauires
peuuent entrer; le long des bords de laquelle les Terres
font toutes propres à habituer. La Pefche y eft fi abondante, qu'elle pourroit y nourrir vne Colonie de plus
de cinquante Hommes; entre ces deux Riuieres, la
Tortuë territ auffi, mais non en fi grande quantité
qu'à l'ance de Corrou. Les Anglois y venoient pefcher
de Suriname, auparauant que les François y fuffent établis, & euffent fait vn Fort à fon embouchure. Conanama qui eft à fix lieuës de là, eft vne petite Riuiere;
mais proche l'embouchure de laquelle les Nauires peuuent moüiller à vne portée de Moufquet de Terre, à
quatre à cinq braffes d'eau; ce qui ne fe trouue en aucun
endroit de la Cofte, & furquoy nous trouuons des gens
qui contredifent & affeurent qu'il n'y a que deux braffes
d'eau en cet endroit; ce que nous reconnoiftrons plus
affeurément. Ces deux Riuieres font habitées par vn
nombre affez confiderable de Galibis, grands amis des
François, & qui n'aiment pas les Anglois. La Terre de
cette derniere eft bonne & faine, mais l'on y eft vn peu
tourmenté des Maringoins ou Coufins, qui ne feront
pas fi incommodes lors que le Païs fera plus découuert.
A cinq lieuës de là eft la Riuiere de Iuraque; à cinq autres celle d'Amana; puis celle de Marony. A trois lieuës

des Riuages de la Mer, depuis Comana jusques à Marony, les Terres paroiffent peu habitables, eftans toutes
fort baffes & de difficile abord; & nous n'auons pas
connoiffance de leur qualité plus loin des bords de
la Mer.

L'on peut à la Riuiere de Marony mettre les bornes
de la Guyanne Françoife, & le commencement de l'An-
glicanne, puis que les Anglois ont fait vn petit Fort
fur cette Riuiere, où ils ont mis quelque Canon, & tien-
nent quinze ou vingt Hommes ordinairement. Le
premier Pofte des Anglois eft donc cette Riuiere de
Marony, qui répond par la largeur de fon embouchure
à la grandeur que les Cartes luy donnent, mais dont
l'entrée eft coupée de tant de bancs de fable, & qui chan-
gent fi fouuent, qu'elle eft prefque interdite à toutes
fortes de Baftimens de plus de vingt tonneaux, ceux de
ce Port n'y entrans mefme qu'auec rifque, & touchans
fouuent fur les bancs auec péril, faute d'auoir connoiffance parfaite du Chenal : Ce n'eft pas que lors que l'on
eft dans la Riuiere, qu'elle n'aye plus de profondeur, &
ne parroiffe fort belle & fort large; mais cette beauté
eft plus vtile & confiderable à ceux à qui l'entrée n'en
eft pas libre. Ses Terres ne font bonnes & habitables,
que cinq ou fix lieües haut : auffi les Anglois n'y font-il
aucun Plantage confiderable.

La Cofte depuis Marony jufqu'à Suriname, où il
y a trente-cinq lieües de diftance, eft Terre noyée
& inhabitable; & mefme la Riuiere de Suriname,
principal Pofte des Anglois, ne l'eft que cinq ou fix

lieües au deſſus de ſon embouchure. C'eſt vne belle
Riuiere, dont l'entrée eſt ſaine & bonne, & où l'on peut
monter vingt lieües, ſans trouuer moins de trois braſſes
& demie d'eau de baſſe Mer. Les Anglois qui y ſont
établis depuis ſeize ans, & qui ſont bien à preſent au
nombre de deux mille Chreſtiens, ſe ſont répandus le
long de cette Riuiere, & dans toutes celles qui y deſ-
cendent, où ils ont formé leurs Habitations, qui em-
braſſent vne ſi grande étenduë de Païs, qu'il y en a d'é-
loignées de plus de quarante lieües les vnes des autres,
ſans ſe pouuoir communiquer autrement que par Mer,
& paſſant par la grande Riuiere : Ils l'habitent juſqu'à
quarante lieües haut de ſon embouchure, & dans ſes
bras & branches à proportion ; Ils y ont l'ancien Fort
des François, qui n'eſt qu'vne Redoute cy-deuant
baſtie de pierre, laquelle en Fevrier 1665. eſtoit entierement démolie, ſans qu'il y euſt aucun Canon monté
ſur icelle, ne portant de marque de Fort que le Baſton
où ils arborent le Pauillon Anglois. Leur Ville appellée
Sainte Pointe, eſt trois à quatre lieües plus haut, con-
ſiſtant en ſoixante ou quatre-vingts Maiſons, peu habitées, & ſans aucunes cloſtures de murailles. Tout le
Terroir que les Anglois occupent en ce lieu, eſt fort
bas, & inondé la moitié de l'année, en ſorte que les
Cannes de Sucre, dont ils ont abondance, ſont pendant
tout ce temps le pied dans l'eau ; ce qui fait que le Sucre
n'en eſt pas ſi bon, & que les viures ont peine à y venir,
en ſorte que les Anglois en ont ſouuent neceſſité. A dix
lieües de Suriname, eſt la Riuiere de Crony, où il y a
encore

encore quelques Anglois; puis celles de Conpename,
& Coreſtiue, qui ne ſont occupées d'aucuns Européens;
puis celle de Berbice, où les Holandois ſont établis depuis vingt-cinq à trente ans, mais en aſſez petit nombre, qui ne paſſe pas deux cens. La Riuiere eſt belle, a
bonne entrée, & bon fonds; & les Terres à ſix ou ſept
lieües haut, y ſont propres pour les Cannes à Sucre,
pour le Rocou que les Indiens ont juſqu'à preſent pre-
paré aux Holandois, & pour le Coton : En ſuite ſont
Eſſequebe & Barome, auſſi occupez par eux, mais auec
aſſez de foibleſſe de leur part.  Ie ne ſçay ſi les Anglois
profitans & de la conjonſture de cette guerre, & de leur
foibleſſe, n'auront rien entrepris contr'eux depuis le
mois de Iuin 1665. Apres laquelle dite Riuiere ſuit celle
de l'Orenoque, qui ſert de bornes à noſtre Guyanne.

# CHAPITRE SECOND.

*Defcription du Climat, de la qualité des Terres,
des Productions qu'elles peuuent donner; & du
naturel, qualité & interefts des Indiens qui
habitent ces Terres.*

COMME i'eftime que dans la Defcription que i'ay
faite de la Guyanne Indienne, i'ay affez fait connoiftre qu'elle eftoit prefque inhabitable aux Européens; ie me contenteray de dire qu'elle joüit du mefme
climat & temperature d'air, que le refte de la Cofte,
horfmis que les pluyes y font plus fréquentes & plus
abondantes, à caufe de cette vafte étenduë de Marais
qui produit vn plus grand nombre de vapeurs, que les
endroits où les Terres font releuées en Colines & en
Montagnes, qui ne fourniffent pas tant d e matieres
aux gros nuages qui nous donnent les grandes pluyes,
& font plus expofez aux Vents Orientaux, qui les dif-
fipent. Elle eft habitée par les Aracarets & Palicours
Indiens, dont les premiers n'ont aucuns ennemis qui
foient venus à noftre connoiffance; & les feconds ont
vne inimitié mortelle auec les Galibis, aufquels ils font
la guerre fans relâche, qui de leur part n'eftans pas
moins animez contr'eux, en emportent l'excés au dela

de tout ce que la cruauté barbare peut inuenter contre
des Hommes.

La France Equinoctiale, comme le reste de la Coste
jusqu'à l'Orenoque, joüit d'vn Printemps perpetuel :
Les jours y sont toûjours égaux aux nuits, si vous joi-
gnez les crepuscules aux jours pour les oster aux nuits,
n'y ayant de diference du plus court au plus long jour
de l'année, que de treize minutes, qui ne font pas vn
quart d'heure : Ainsi l'on peut dire qu'en tout temps il
y a vnze heures de nuit, & treize de jour ; ce qui fait que
les chaleurs n'y sont pas telles que les Anciens se les
estoient figurées, la Terre estant humectée d'vne douce
fraischeur qui accompagne les nuits de ce Païs : Aussi
n'y fait-il iamais de froid, ny de chaud excessif ;  car
quoy que le Soleil y soit deux fois l'année à pic, & n'y
fasse aucune ombre, & que dans les autres Saisons ses
rayons frapent bien plus à plomb, qu'ils ne font en
Europe ; neantmoins comme il s'éleue presque tous les
jours, sur les neuf heures du matin, vn Vent Oriental
assez fort pour obliger quelquesfois de porter la main
au chapeau, l'air en est tellement rafraischy, qu'il suffit
d'estre à l'ombre pour sentir vne fraischeur qui fait souuent souhaiter vn petit juste à corps, bien loin de se
plaindre de l'excés de la chaleur : adjoûtez à cela qu'il
me paroist qu'il y a plus de rarefaction dans l'air, & que
le Soleil y agit auec moins d'impression sur nos corps,
qu'il ne fait en Europe au dela du Tropique.

La diference des Saisons y consiste seulement aux
secheresses, & au plus ou moins de pluyes ;  car quoy

que les années ne se ressemblent pas toutes, & que les vnes soient plus seches, & les autres plus humides, elles conuiennent neantmoins en vne vniformité de Saison, qui ne nous laisse de diference qu'entre le plus & le moins.  Les premieres pluyes qui nous pourroient marquer, comme la Saison de l'Automne, y commencent en Nouembre ; mais en si petite quantité, qu'elles ne donnent pas encores le moyen de planter dans vne Terre alterée par quatre mois de secheresse contiuelle: Il n'en tombe point le jour, & peu en Decembre ; elles augmentent en Ianvier & Fevrier, mais pas assez pour estre appellées incommodes, puis que sans elles la Terre seroit sterile, & ne donneroit aucunes productions ; & que s'il en tombe quelque peu le jour, c'est si rarement & en si petite quantité, que ny les trauaux n'en sont interrompus, ny les Hommes incommodez.  A la my-Mars nous pouuons dire que l'Hyuer commence & dure jusques vers les premiers jours de Iuin ; car en ce temps il pleut beaucoup la nuit, & quelquefois le jour, par gros orages qui couurent la surface de la Terre d'eau en trois quarts d'heure, ou vne heure qu'ils durent au plus; mais l'on a cet auantage, que l'on ne voit pas s'écouler six jours en toute l'année où le Soleil ne parroisse à nos yeux, au moins pendant six heures: de sorte que l'on peut toûjours trauailler & se promener dans les lieux découuerts, & qui ne sont ny marescageux, ny bas de situation.

Les pluyes diminuënt au commencement de Iuin, & finissent tout à fait le dixiéme de Iuillet, depuis lequel

juſqu'au dixiéme Nouembre, il ne tombe pas vne ſeule
goute d'eau ; de ſorte que l'on peut auec raiſon nommer
la premiere de ces SaiſonsPrintemps, & la ſeconde l'Eſté.
Il ne faut pas faire ces regles ſi generales, qu'elles n'ayent
quelque exception, ſuiuant la diference des années, &
la diuerſité des lieux ; car par noſtre experience nous
connoiſſons qu'il pleut bien moins dans les lieux dé-
frichez, que dans ceux qui ſont couuerts de Bois ; bien
moins à Cayenne & Corrou, qu'il ne fait à Yapoco &
Aprouaque ; & bien plus à Marony & Suriname, qu'il
ne fait dans les Poſtes occupez par les François.

La Terre y eſt communément fertile & abondante ;
& puis que le chaud & l'humide ſont les principes de la
generation, il ne faut pas s'étonner de ces belles & fre-
quentes productions en vn Païs où ces deux qualitez
dominent : Elle donne pour la nourriture des Hommes
tout ce que fourniſſent les autres lieux de l'Amérique.
Entre les deux Tropiques des fruits d'Europe, nous
auons experimenté que les Citrons & Oranges de toutes
eſpeces, les Figues, & les Grenades, y produiſent facilement & en abondance : La Vigne y produit auſſi de fort
bons Raiſins. Quant aux fruits du Païs, quoy que pluſieurs Ecriuains les ayent vantez au dernier poinct, il ne
me paroiſt pas que de plus de trente eſpeces dont i'ay
mangé, aucun ſoit capable de flater fort agreablement
le gouſt des Européens, ſi ce n'eſt l'Annanas, qui s'y
rencontre bien meilleur & en bien plus grande abondance que dans les Antilles. Pour les Legumes, les
Choux, Laituës, Chicorée, Ozeille, Raues, Nauets,

Panets, Bouroche, Buglofe , Concombres , Melons,
Citroüilles, & diuerfes fortes de Faifeolles, y fourniffent
abondamment dequoy fatisfaire ceux qui aiment ces
fortes de mets.  Le pafturage y eft tel, que les Vaches
que nous y auons portées, font en fix mois deuenuës
méconnoiffables par leur graiffe extraordinaire ; & fi
l'on en peuple les grandes Campagnes que la Nature
femble n'auoir faites qu'à ce deffein, l'on en tirera vn
profit tres-confiderable. Le peu de Brebis que nous y
auons eu, y a fort multiplié ; & la chair de quelques
Moutons châtrez que nous y auons defcendus des
Nauires, s'eft trouuée fi bonne, qu'elle donne lieu à nos
Habitans d'efperer qu'ils pourront dans peu de temps
joindre au neceffaire la délicateffe du manger. Les Porcs
y font auffi fort délicats, & produifent beaucoup ; de
mefme que diuerfes efpeces de Cabrites. Les Poules y
multiplient extraordinairement , & les Cannes de
mefme.  Les Poules d'Indes y font vn peu plus difficiles
à éleuer ; mais auec du foin comme en France, les baffe-
courts n'en font pas dépourueuës.

Pendant fix mois de l'année, la Chaffe y peut fournir
dequoy fatisfaire ceux qui voudront épargner leurs
productions domeftiques pendant ce temps. Il y a des
Cerfs en affez grande abondance de la mefme taille que
les Dains en France, & fort bons à manger. Il y a quelques Sangliers de deux efpeces ; les vns comme ceux de
France, mais plus petits ; les autres ayans vn éuant fur
le dos, qui ne font pas plus grands que des gros Renards
de France.  Il y a auffi des Pacs, Tatous, & Agoutys, qui

font animaux qui fe retirent en Terre comme nos La-
pins & Blereaux; tous lefquels font de bonne faueur,
auffi bien que les Tygres qui y font en affez grand nombre, mais qui ne font aucun mal aux Hommes. Pour
les Oyfeaux, il y en a de diuerfes efpeces, comme Ca-
nards, Sarcelles, Beccaffes, Ramiers, Tourterelles, Per-
roquets de plus de vingt fortes; des Aigrettes, Flamans,
des Crabiers, Spatulles, Alloüettes de Mer, Beccaffines,
Perdrix, Faifans de quatre ou cinq fortes, & d'vne ef-
pece d'Oyfeaux qui font prefque auffi grands que les
Autruches, que les Indiens nomment Toujoüou. Tous
ces Oyfeaux font bons à manger, hors qu'ils font vn peu
plus fecs que ceux de France des mefmes efpeces. On en
tuë quelquesfois grande quantité pendant les fechereffes; mais comme la Chaffe eft journaliere, il ne faut
pas en faire vn fondement folide pour voftre table.

La Mer y fournit plus abondamment dequoy viure,
lors que l'on ne manque ny de filets, ny de Pefcheurs:
Il faut que les filets foient forts deux fois comme ceux
de France. Il y a plufieurs fortes de bons Poiffons, & fur
tout les Mulots, Vieilles, Turbots, Rayes, Apalicas, &
plufieurs autres ayans écailles. Le Lamentin, ou Vache
de Mer, y eft rare; & s'il s'y trouuoit comme la Tortuë
quatre mois de l'année, il y auroit dequoy contenter les
friands, eftant vn excellent manger. Les Terres maref-
cageufes y fourniffent des Crabes fort groffes, & auffi
bonnes que les Ecreuiffes de France. Il s'y trouue auffi
des Huiftres dans les Criques qui font fort graffes, mais
moins falées que les noftres. Difons plus à l'auantage

de cette Terre, qu'elle ne produit aucuns animaux ve-
neneux, & que les Serpens si redoutables en plusieurs
endroits de l'Amérique, y sont recherchez par nos
François, pour s'en seruir, comme d'vn manger fort
nourrissant & bon : Il s'y en rencontre dans les eaux &
marais de plus gros que la cuisse d'vn Homme, & de dix,
douze & quinze pieds de longueur, qui ont seruy dans
des occasions à rassasier plus de cinquante Hommes ; Ils
ont la chair fort blanche, fort grasse, & d'vn bon goust.
Si ces choses sont auantageuses pour la nourriture des
Habitans, les productions de la Terre pour les marchandises ne le seront pas moins, puis qu'elle nous
donne tout ce que le Bresil fournit aux Portugais, & de
la mesme qualité : Le Tabac d'vne bien meilleure sorte
que celuy des Isles, le Coton excellent, le Rocon, &
l'Indigo, y occupent la culture de nos Habitans. Pour
ce qui concerne les Sucres, ceux qui s'embarqueront
d'oresnauant, seront tous blancs & épurez, & du prix
pour l'ordinaire de cinquante à cinquante-cinq liures
le cent ; ce que nous pouuons faire auec la derniere facilité, & qui est du tout impossible aux Isles Françoises,
aussi bien qu'aux Angloises, ayant la Terre grasse en
abondance, tant pour en faire les formes ou le Sucre
purgé beaucoup mieux que dans celle de bois, que pour
nous en seruir à les blanchir : ce qui manque aussi ab-
solument ausdites Isles, aussi bien que les bois pour la
parfaite cuisson des Sucres, dont nous ne pouuons iamais manquer. Adjoûtez à cela, qu'ayant de grands &
commodes pasturages dont les Isles sont priuées, lesquels

outre

outre le profit confiderable qu'ils nous donnent lieu
d'efperer des productions de nos Beftiaux, nous fourniffent encore vne facilité fort grande pour tous nos
trauaux, pour le grand nombre que nous y pouuons en-
tretenir, & diminuënt de beaucoup la dépenfe que l'on
eft obligé de faire aux Ifles, par le defaut de lieux propres à y en nourrir quantité ; ce qui engage de faire faire
vne partie du trauail par des Hommes qui couftent
beaucoup de nourriture & entretien : au lieu qu'en la
Terre ferme, fans le fecours de nos Beftiaux qui fe nour-
riffent d'eux-mefmes dans des Prairies ou Fauanes, nous
épargnons & le nombre & le trauail des Hommes.

De forte que s'il eft conftant qu'vn nombre infiny
d'Habitans, tant François qu'Anglois, fe font non feulement enrichis dans les aut'Ifles par ces marchandifes
imparfaites & défectueufes, mais mefme que les Villes
de Fleffingues & Mildebourg ayent profité de plufieurs
millions auec eux ( dont l'on ne peut douter ) que ne
deuons-nous efperer de noftre France Equinoctiale,
lors que trois ou quatre années d'établiffement auront
donné lieu aux François de s'y pouruoir des chofes neceffaires pour leurs manufactures, & d'y établir fortement leurs Sucreries & Rafineries, qui ne font encore
que commencées depuis dix-huit mois qu'ils y ont
planté leurs Colonies? I'obmettois à remarquer que le
Bled d'Inde, vulgairement nommé Mays, y croift en
tres-grande abondance, & donne vne grande commodité, tant pour la nourriture des Habitans, que pour
celle des Porcs, & de toutes fortes de Volailles : L'on en

E

fait la recolte en toutes sortes de Terres deux fois l'année; & en celles qui sont humides & grasses, jusqu'à
trois fois : ce qui ne se rencontre pas en aucune des
ant'Isles.

La Guyanne Anglicane & Belgique, comme elle est
remplie de plus grande quantité de Terres basses que
n'est pas la Françoise, & qu'elle a dans son étenduë bien
moins de Colines & Montagnes, est plus sujette aux
pluyes & humiditez, que ne sont pas les Terres de
Vuia, Cayenne, Corrou, Sinamary, & Coranama. Le
Terroir de Suriname, quoy que peuplé d'vn nombre
considerable de Familles Angloises, jusqu'à deux mille
cinq cens personnes, à peine peut produire des viures
pour nourrir ses Habitans; le Manioc ne se plaisant pas
dans les Terres basses & marescageuses, dont tout le
Païs est remply. Les Cannes de Sucre y viennent grosses
& en abondance; mais comme elles ont le pied souuent
couuert d'eau, le Sucre qui en prouient est fort noir,
& a peu de grain. Les Colonies Holandoises de Berbice,
Essequebe, & Barame, ne me sont pas fort connuës;
il me paroist seulement qu'elles ne sont pas fort considerables, n'estant peuplées d'vn fort grand nombre
d'Habitans.

Les Indiens qui habitent ces Costes, sont diuisez en
plusieurs Nations, sçauoir les Aricarets Orientaux, les
Palicours, les Yaos, les Sapayes, les Galibis, les Aricarets
Occidentaux, les Marones, les Paragottes, & les Arrouagues. Ie ne parle point icy ny des Aouarots, ny de
ceux qui habitent le long des bords de l'Orenocque.

Les Aricarets Orientaux qui habitent la Riuiere d'A-
ricary, & en ont tiré le nom, ne nous font pas fort con-
nus: Ils ne font pas en fort grand nombre, & n'ont
aucuns ennemis de noftre connoiffance.

Les Palicours qui occupent partie de la Riuiere d'A-
ricary, celles de Maricary, Vninamary, & Caffipoure,
eft vne Nation affez nombreufe, viuant bien auec tous
les Etrangers que la Traite du Lamentin attire chez eux,
& dont ces Peuples font la pefche dans leurs Riuieres &
Marais. A ce que nous en pouuons connoiftre, ils peuuent bien mettre quatre cens Hommes de guerre fous
les armes; ils font gens bien faits & plus courageux que
les autres. Ils fouhaitent fort l'amitié des François, & ie
ne manqueray de l'établir auec eux en y paffant; Ils font
ennemis mortels des Galibis, aufquels ils font vne
guerre cruelle, jufqu'à les venir attaquer dans les Riuieres qui forment l'Ifle de Cayenne, auant que nous
en fuffions les Maiftres; mais depuis ce temps ils n'ont
ofé venir les chercher proche des lieux où font habituez
les François. Les Galibis les vont fouuent attaquer;
mais ils font ordinairement battus.

Il ne refte des Yaos qu'vne feule Habitation de
trente-cinq à quarante perfonnes dans la Riuiere d'Yapoco, grands amis des François, ainfi que des Palicours,
& peu aimez des Galibis.

Ceux que nous connoiffons de Sapayes font poftez
vers la Riuiere de Cauuo. Ce font pauures gens qui ne
fçauent fouuent dequoy viure, & font en tres petit nombre. Ils n'ont aucuns ennemis que nous connoiffions.

E ij

Les Galibis eſt la Nation la plus puiſſante de la Coſte, & diſperſée en vne grande étenduë de Païs. Il y en a de noſtre connoiſſance trois ou quatre Habitations dans la Riuiere d'Aprouaque, vne dans celle d'Vnia, deux en l'Iſle de Cayenne, quatre ou cinq en celle de Macouria-gue, trois ou quatre en celle de Carrou, deux à Mana-manorry, quatre ou cinq à Sinamary, & autant à Cono-nama; ie ne ſçay pas combien à Marony; mais grand nombre à Suriname, qui ſont tout à fait ſoûmis aux Anglois. Ils eſtoient autrefois ſi puiſſans, qu'ils ont imprimé la terreur & la crainte dans les cœurs des Fran-çois qui s'eſtoient établis à Cayenne; en ſorte que plu-ſieurs de ces anciens Habitans qui ſe ſont retirez à la Martinique, ont peine à nous croire, quand nous leur diſons qu'ils ne nous ſont d'aucune conſideration. Ils ſont à preſent ſi fort diminuez, que tous ceux qui habi-tent depuis Aprouaque juſqu'à Marony, ne peuuent pas mettre enſemble vingt Pirangnes de guerre armez chacun de vingt-cinq Hommes; ce qui eſt arriué tant par des maladies qui les ont attaquez, que par diuerſes rencontres de guerre où ils ont eſté battus par les Pali-cours. Ces Peuples, de tous les Européens, ont plus d'in-clination pour les Holandois, que pour tous les autres; & plus d'auerſion contre les Anglois, que contre les François qu'ils ne haïſſent pas, mais qu'ils craignent, à cauſe de ce qu'ils en ont par le paſſé tué quelques-vns.

Les Aricarets Occidentaux, ſont quelques Familles qui ſe ſont ſeparées des Orientaux, pour quelque dé-meſlé qu'ils ont eu auec les Portugais, qui habitent le

Fort de Stierro, assis à la Bande du Nord de la Riuiere des Amazones, & qui sont venus habiter vers les bords de la Riuiere de Cayenne, au nombre d'enuiron six-vingts, ou cent quarante personnes. Ils sont alliez auec les Galibis, & ennemis des Palicours; Ils aiment assez les François.

Les Marones sont en petit nombre, & fort pauures gens, qui habitent vers l'Habitation de Corrou; Ils sont fort soûmis aux François, & mesme aux Galibis.

Les Parragotés habitent vers la Riuiere de Marony, & ne sont pas en grand commerce auec nous; deux ou trois seulement nous sont venus voir dans des Barques Angloises à Cayenne.

Les Arrouagues occupent la Riuiere de Berbice, & celles qui s'y jettent: C'est vne Nation considerable par ses forces, & qui a esté longtemps en guerre auec les Galibis, & les a souuent mal menez, jusqu'à ce que les Anglois de Suriname, auec les Holandois habituez en cette Riuiere de Berbice, les ayent obligez à faire la paix entr'eux. Les Arrouagues sont gens d'esprit, & bien faits, & assez amis des François; mais ils ont peu de frequentation auec eux, en estant fort éloignez.

Generalement tous les Indiens viuent de la culture de la Terre, à laquelle ils ne s'adonnent qu'autant qu'ils en ont besoin pour leur subsistance: Ils sont fort adroits à toutes sortes de Pesches, & aiment mieux le poisson que la viande; Ils sont sobres à leur manger, mais grands beuueurs de plusieurs sortes de breuuages qu'ils font; & nos François à leur imitation. Le Vuacou se fait auec

la Caſſaue vn peu humectée, que l'on laiſſe aigrir. Cette
boiſſon eſt aſſez bonne & fort rafraiſchiſſante. Le Pa-
liuot ſe fait auec la Caſſaue brûlée, & reſſemble aſſez en
gouſt à la Biere. Le Maby ſe fait auec les Pattates boüil-
lies, & eſt comme du Vin blanc vn peu bouru; il eſt fort
agreable à boire, mais il eſt vn peu venteux. Le com-
mun de nos François ont encore le Vin de Sucre qui ſe
fait du ſyrop & de l'écume auec de l'eau, qui meſlez enſemble ferutente & prend vne force qui corrige ſa dou-
ceur, & rend cette boiſſon aſſez agreable, en ſorte
qu'elle ſeroit tres-bonne, ſi elle ne ſentoit vn peu la
Canne.

Les Indiens n'ont aucuns Souuerains, Caciques, ny
Seigneurs, ne reconnoiſſans aucune ſuperiorité entre
eux. Les plus anciens dans chaque Famille, y ſont reſ-
pectez comme les Chefs; & comme chaque Famille
habite ſon Canton en particulier aſſez loin les vns des
autres, il eſt aſſez difficile qu'ils puiſſent former vn
Corps en peu de temps. Ils ont quelques ſubordinations
pour les Commandemens de la Guerre, éliſant pour cet
effet vn General qui donne le temps du Rendez-vous,
le lieu d'iceluy, l'ordre de la marche, & celuy de l'attaque
& du combat; apres quoy il n'a plus d'autorité: Ils le
font par le choix des Chefs des Familles de leurs Nations, qui s'aſſemblent en vn Feſtin, qu'ils appellent
Vin, où ils reſolvent leurs Guerres, & décident de l'éle-
ction de leur General.

Ils n'ont aucun Culte ny Religion; ils connoiſſent
le Diable pour celuy qui leur fait du mal, & le craignent;

mais ils n'ont aucune espece de veneration pour luy.

Ils connoissent à present qu'il faut qu'ils se soûmet-tent aux Européens, & sont détrompez de la pensée de vouloir conseruer leurs Terres pour eux seuls.

Ils sont paresseux, & il y a peu de seruice à tirer d'eux: Il est neantmoins bon de se les conseruer pour amis ; & s'ils auoient eu l'inclination plus agissante, nous au-rions par leur moyen découuert le Bresil, l'Aloës, le Saudaux, & le Cedre ; force Gommes, comme la Gutte, le Tacamaça, & l'Elemy, que le Païs produit asseuré-ment aussi bien que le Copal, dont nous n'auons eu jusqu'à present que de legers échantillons ; & de deux sortes de Baumes, dont ils nous ont apporté des essais qui se sont trouuez doüez d'vne rare vertu. Le temps nous donnant de plus amples connoissances, nous fournira les moyens de faire de bonnes marchandises de ces choses.

# CHAPITRE TROISIESME.

*L'Eſtat des Colonies Françoiſes de cette Coſte.*

LEs François qui ont premiérement occupé l'Iſle
de Cayenne pour en faire comme leur Place d'armes, s'y ſont établis en ſorte qu'ils n'en pûſſent eſtre
chaſſez : Et pour cet effet ils y ont baſty le Fort Loüis
à l'embouchure de la Riuiere de Cayenne, ſur vne pointe
qui ſe jette à la Mer, ſur laquelle eſt vne petite Montagne dont le Fort occupe le ſommet, garny de qua-
torze pieces de Canon, & l'autre de trois. Le Bourg qui
eſt proche du Fort, contient bien deux cens Maiſons
qui ſont habitées par les Soldats de la Garniſon, & par
toute ſorte d'Ouuriers, & quelques gens de trauail. Il y a
pluſieurs Magazins, & vn Moulin à Sucre à Bœufs. Il
eſt habité d'enuiron trois cens cinquante François, &
quelque cinquante Négres. Outre ce Bourg, il y en a
encore vn autre à Armire, occupé en bas par les Iuifs, au
nombre d'enuiron ſoixante Blancs, & quatre-vingts
Négres ; & en haut où eſt la Chapelle & le Moulin à eau
à Sucre, par enuiron ſoixante François & vingt-cinq
Négres. Armire eſt éloigné de quatre petites lieuës du
Fort Loüis vers le Nordeſt ; & à vne lieuë & demie du
meſme coſté, ſont les Habitations de Mahury, où il y a
bien

bien quarante François, & quarante Negres. A vne
lieuë & demie, au Sud du Fort Loüis, sont les Habitations de Matoury, où il y a bien cent François, & qua-
rante-cinq Negres; obmettant de cotter icy vingt-
cinq ou trente Habitations de particuliers qui font
répanduës en diuers endroits de l'Ifle, qui compofent
bien le nombre de foixante François, & vne vingtaine
de Negres.

Le defir de s'agrandir, & commencer à peupler la
Terre ferme, a porté les François à occuper le Pofte de
Corrou, où ils ont vne Redoute auec trois Pieces de
Canon qui defend l'entrée de la Riuiere : Il y a vne Gar-
nifon ordinaire de vingt Soldats; & en l'Habitation
qui eft plus haut dans la Riuiere enuiron trois quarts de
lieuë, il y a bien trente à trente-cinq Habitans, Hommes d'élite & choifis. De Corrou à Conanama, le plus
beau Païs qu'on puiffe voir, attend des Habitans qui
feront à couuert par le Fort de Sinamary, où il y a quatre
vingts François, contre les attaques qu'ils pourroient
receuoir des Anglois qui font à Suriname; & c'eft le
Pofte auancé des François, comme celuy de Marony
l'eft des Anglois. On trauaille puiffamment à le mettre
en bon eftat: Il eft muny de cinq Pieces de Canon, &
& de toutes fortes d'armes & munitions. Si-toft qu'il
fera acheué, les François vont trauailler à défricher les
Terres, & y planter des viures; à quoy ils feront aidez
par les Indiens de ces Cantons, qui font bonnes gens, &
fort amis des François. Nous n'auons encore au Vent
du cofté du Cap d'Orange, occupé que Comaribo à

F

vne lieuë de l'embouchure de la Riuiere d'Yapoco, qui eſt vn Poſte fort agreable & auantageux: Il eſt ha-bité par enuiron trente-cinq Hommes qui trauaillent à y défricher & planter des viures. Nous n'auons encore jetté aucune Colonie dans Aprouaque: à l'arriuée des premiers renforts d'Hommes, nous ne manquerons de le faire; & ie ne doute point que les Holandois, qui ſe voyent abandonnez de la Compagnie d'Oüeſtindes, ne quittent entierement cette Riuiere, lors que les François iront. Il faut monter ſept lieuës au deſſus de la Colonie Holandoiſe, pour choiſir de bonnes Terres, & qui ſoient ſaines. Ainſi voila plus de mil ſoixante Hommes, tant blancs que noirs, qui trauaillent à établir la Monarchie Françoiſe ſur cette Coſte; eſtant à obſeruer que de tout ce nombre il n'y a pas quarante Femmes; & que comme il part tous les trois mois des Vaiſſeaux de France pour rafraiſchir cette Colonie, & la fortifier, auantqu'il ſoit la fin de l'année 1666. elle doublera en nombre. Il y a encore peu de Beſtiaux; ſçauoir, ſix Caualles & deux Cheuaux, trente Vaches meres, ſix Taureaux, vn Bœuf, & vne douzaine de Veaux, trente-cinq ou quarante Brebis ou Beliers, quelques Agneaux, & vne vingtaine de Cabrites de diuerſes eſpeces. L'Iſle eſt tout à fait peuplée de Volailles, y ayant plus de deux mille Poules venuës des Iſles du Cap vert, qui y produiſent en abon-dance; force Cannes, & quelque nombre de Poules d'Indes. Les ordres qui ſont donnez à tous les Nauires qui vont en ce lieu, de toucher aux Iſles du Cap vert pour y prendre des Beſtiaux & Volailles, en peuplera

dans peu le Païs; & la refolution d'y enuoyer vn grand
Nauire de France chargé de quarante Caualles.& fix
Eftalons, fera auffi dans peu que les Cheuaux n'y feront
plus rares; & comme ces chofes feront executées dans
le cours de cette année, ie les compte comme déja faites.
C'eft ce que i'auois à dire fur l'eftat de ce Païs, ayant
dans ce Recit affecté de ne rien adjoufter à la verité, ne
voulant pas que ceux qui pourroient à l'auenir aller
habiter ces belles Terres, euffent lieu de fe plaindre
eftant fur les lieux, que ie les auois repûs de vaines efperances, aufquels les effets n'auroient pas eu vne cor-
refpondance proportionnée à leur attente.

# CHAPITRE QVATRIESME.

*De la maniere dont il faut se seruir pour entreprendre ces nouuelles Colonies, auec vtilité du temps des Embarquemens & choses necessaires pour les faire reüssir.*

IVGEANT que la Description que i'ay faite cy-dessus de la France Equinoctiale, peut faire naistre la pensée à plusieurs personnes d'y aller faire des établissemens, & profiter des auantages que cette vaste étenduë de beau Païs offre à leurs soins & à leurs trauaux, i'estime ne me pouuoir dispenser de leur faire connoistre la maniere de laquelle ils se doiuent seruir pour y reüssir plus auantageusement, puis que l'on peut faire plus de fruit auec vne mediocre dépense, en l'employant aux choses vtiles, & profitant des temps commodes, que d'vne beaucoup plus grande, en n'obseruant pas ces circonstances.

Comme donc le premier de tous les trauaux est celuy d'abattre les Bois & les brûler, pour disposer la Terre à estre labourée & plantée, & que l'on ne peut s'y employer que dans la saison des secheresses ; il faut que ceux qui desireront aller habituer ce Païs, reglent le temps de leur embarquement en France, en sorte qu'ils puissent y arriuer dans le mois de Iuin, parce que dans ce temps ils éuiteront l'incommodité des grandes pluyes, fâ-cheufes & penibles à des gens qui mettent pied à terre; & pourront profiter du temps entier des fechereffes, tant pour fe baftir, que pour abattre & brûler les Bois de leurs nouuelles Habitations; car s'ils arriuoient en ce Païs, en Avril & May, ils fouffriroient les plus fortes pluyes de l'année, qui leur rendroient leurs gens inutils, leur cauferoient de grandes incommoditez, & mefmes quelques maladies, & les empefcheroient de pouuoir profiter en aucune façon de leur trauail, qui ne s'em-ploye dans ces deux mois qu'à planter les Terres culti-uées de longue main; & cependant ces nouueaux Co-lons feroient obligez de nourrir leur monde auec beau-coup de frais & de dépenfe, au ménagement de laquelle il faut auoir vne application extraordinaire dans ces commencemens; & s'ils arriuoient au mois d'Aouft, à peine pourroient-ils auoir auancé quelque chofe de confiderable pendant le refte de la faifon de la fechereffe, dont ils trouueroient déja deux mois d'écoulez.

De forte qu'il faut que ceux qui voudront aller habi-tuer ce Païs, tâchent de partir de France dans la fin du mois de Mars, dans tout Avril & le commencement de May, qui eft la feule faifon propre pour de nouueaux Habitans.

Ils ont à obferuer dans la trauerfée, de ne faire iamais boire d'eau pure à leurs gens, pource que nous auons reconnu par experience que fon vfage à des gens alterez par les viandes falées qu'ils mangent en abondance, caufe infailliblement le flux de fang & la difcenterie,

( la plus dangereuſe de toutes les maladies dont on puiſſe eſtre attaqué dans ces trauerſées: ) Et ainſi il faut reuenir de l'erreur que des auares Capitaines de Vaiſſeaux ont voulu faire paſſer pour couſtume, que l'on ne donne point de Vin aux Equipages & Paſſagers au dela du Tropique, & établir pour vne neceſſité indiſpenſable de donner de la boiſſon de Vin & d'Eau pendant tout le temps de la trauerſée à ceux que l'on voudra preſeruer de ces fâcheux accidens.

Pour auoir vn ſuccés fauorable de ſon entrepriſe, il faut ſur tout obſeruer, la qualité des Gens que l'on voudra paſſer pour établir les nouuelles Colonies, & ne point y mener des Gens que l'on aura repûs de vaines eſperances, ou choſes imaginaires, & que l'on aura engagez à faire ce Voyage dans cette veuë: car comme la maladie la plus dangereuſe en ces Païs, eſt celle que l'on y nomme communément mal d'eſtomach, qui ne vient que d'vne obſtruction cauſée par le chagrin & la mélancolie, qui conduit ceux qui en ſont attaquez, en peu de ſemaines au tombeau; il faut prendre ſoigneuſement garde à ne faire paſſer en ces lieux aucuns de ces Gens, qui croyant y trouuer tout ce qu'ils pourroient deſirer ſans peine ny trauail, ſont fort étourdis lors que l'on les employe à des trauaux plus rudes que ceux que font ordinairement nos Païſans en Europe; & qu'ils n'ont pas vne nourriture ny proportionnée à leur attente, ny telle qu'ils l'auoient accouftuméc en France.  De forte que fe voyant ainfi trompez, le déplaifir & le chagrin s'emparant de leur efprit, ils tombent en peu de jours en cette fâcheufe maladie, qui fait perdre à ceux qui les ont malheureufement feduits, & la dépenfe de leur embarquement, & les frais de leur conduite & paffage.  Il faut donc fur toutes chofes prendre garde de ne fe point charger de ces jeunes Gens qui ont toute leur vie demeuré dans les Villes, & fe font débauchez ou des Maifons de leurs Parens, ou du feruice de leurs Maiftres; foit par libertinage, foit par les vaines efperances defquelles on les auroit pû flater; eftant important de rejetter ces fortes de perfonnes comme des peftes de nouuelles Colonies.  J'excepte de ce nombre les Ouuriers, lefquels n'eftant employez dans le Païs qu'aux ouurages & trauaux aufquels ils ont efté nourris & accouftumez en France, ne trouuent rien de rude & de fâcheux à vne maniere de vie qui leur eft familiere.

Il faut donc choifir des Païfans & des Gens accouftumez au trauail, & à cette forte de nourriture dont fe feruent ordinairement les Gens de la Campagne; & auant que de les faire embarquer, leur faire connoiftre quels feront leurs emplois dans le Païs où on les conduit; afin que s'eftans difpofez à la maniere de vie où ils font deftinez, ils ne trouuent rien de rude ny d'extraordinaire, & par ce moyen n'ayent aucun fujet d'en prendre du mécontentement, mais au contraire s'adonnent auec plaifir à leur trauail, qui eft la chofe la plus auantageufe qu'on leur puiffe procurer pour la conferuation de leur fanté.

I'eftime outre cela, que ceux qui entreprennent les nouuelles Colonies, doiuent porter des Farines pour vn an pour tous leurs gens, quoy qu'il y ait dans le Païs des Maniocs pour fournir à leur nourriture: Car outre que dans les années où le Bled eft à vn prix raifonnable en France, la liure de Farine ne reuiendra qu'à deux fols fur les lieux, le fret payé, & ne produira pas vne plus grande dépenfe pour nourrir les gens, que fi on leur donnoit de la Caffaue; i'eftime qu'il eft important que dans le temps que les Hommes s'accoûtument au changement de Climat, & que leurs corps fouffre de l'alteration par la réuolution des humeurs, leur eftomach ne foit point furchargé par des alimens aufquels ils n'ont aucune habitude: Et comme il eft certain que la Caffaue eft beaucoup plus difficile à digerer que le Pain de froment, ie confeillerois de n'en point faire manger aux engagez François pendant la premiere année qu'ils feront dans le Païs.

Il faut que ceux qui vont en ce Païs, cherchent pour établir leurs Habitations des Terres vn peu releuées en Colines; qu'ils placent leurs Maifons fur les hauteurs, afin qu'elles foient plus expofées au Vent; & obferuent autant qu'il fera poffible, que leur afpect foit tourné depuis l'Eft Sud-Eft, jufques au Nord-Eft; ce qui eft tres-important pour la fanté: car comme les Vents qui foufflent ordinairement de ces coftez, font

tres-

tres-fains, & purifiënt l'air, ceux qui y ont leurs Habitations expofées, joüiffent d'vne plus parfaite fanté, que ne font ceux qui font à d'autres expofitions, ou qui ont leurs Habitations dans des fcituations baffes & proches des marefcages.

Ie ne voudrois pas que ceux qui commenceront à aller habituer ces Terres, fiffent d'abord de fort grandes dépenfes pour leurs premiers établiffemens, ny qu'ils fe chargeaffent non plus d'y paffer vn grand nombre d'Hommes: Car comme il faut beaucoup de viures & de grands logemens pour mettre les Hommes, marchandifes & victuailles, à couuert, les vns & les autres déperiffent beaucoup, pendant que l'on baftit des Magazins & des Maifons, & que l'on abbat des Bois pour la place des Edifices; en forte que la premiere année qui eft accompagnée d'vne dépenfe extraordinaire, fe paffe entierement en ces chofes, fans pouuoir prefque planter de viures: au lieu que menant vn petit nombre d'Hommes choifis, comme d'vne dixaine, vne petite Maifon leur fuffit pour le logement & celuy de leurs viures, laquelle eft baftie en peu de temps, & le Bois des enuirons promptement abbatu; apres quoy ils peuuent s'employer vtilement à couper le Bois, & preparer la Terre neceffaire pour planter des viures qui puiffent feruir l'année fuiuante pour la nourriture de plus de vingt Hommes auec eux; outre que le péril des maladies n'eftant confiderable que la premiere année, on ne court pas tant de rifque pour fes Gens, n'en ayant qu'vn petit nombre, que fi l'on en auoit vn plus grand, que

G

l'on ne fecourt pas fi facilement dans ces fortes de maladies qu'vn moindre. Adjoûtez à cela, qu'il eft affez plaifant de peu rifquer d'abord, & que l'on le fait bien plus hardiment lors que de petits commencemens vous affurent prefque du fuccés d'vne plus grande entreprife.

Ie confeilleray à nos nouueaux Habitans de ne fe pas charger d'abord d'vn fi grand nombre de noirs; il faut dans les commencemens auoir au moins vn tiers de François. Ce n'eft pas que les noirs ne foient d'vn bien plus grand trauail, & dépenfent bien moins que les François; mais il eft important d'établir fa feureté fur ceux de fa Nation, & préferer dans la premiere année ceux qui vous la donnent, à ceux qui pourroient vous produire vn plus grand profit, mais en qui vous ne fçauriez vous confier.

Les nouueaux Habitans dans les commencemens, préferablement à toutes chofes, doiuent porter des viures de France, & ne point adjoufter foy à ceux qui les preffent de fe charger de rafraichiffemens, & de confommer tout leur petit fonds en achapt d'Eau de vie, de Iambons, de Confitures, & autres friandifes: au lieu que l'effentiel eft de porter de bon Lard, de bonne Farine; & pour les Vaiffeaux, vn peu de bon Vin, & quelques Poules, Pruneaux, & Raifins; eftant chofe certaine qu'il meurt tous les ans dans ces Voyages plus de cinquante Perfonnes, par les excés qu'ils font d'abord de l'Eau de vie qu'ils ont portée pour leur rafraichiffement, Elle eft bonne en petite quantité dans le Païs pour les Gens de trauail, mais c'eft au defaut du Vin;

car ceux qui en boiuent ordinairement, peuuent fort
bien se passer d'Eau de vie, dont l'excés a esté reconnu
mortel dans le Païs, par vne experience de plusieurs Personnes que trois ou quatre débauches de cette boisson
ont mis au tombeau. Ainsi que ceux qui songent à ces
Voyages, fassent prouision de bon Vin, de Farine, de
Lard, & de Beurre, & ne chargent d'Eau de vie que pour
leurs Gens seulement, & non pour leurs Personnes.

Lors qu'ils seront arriuez dans le Païs, qu'ils s'atta-
chent sur toutes choses à planter des viures, auant que
de songer à ce qui leur peut donner des marchandises;
car outre que la Terre nouuellement découuerte n'est
pas bonne pour les Cannes, ny pour du Tabac, Cotton,
Indigo, & Rocou, & qu'il faut que le Labour & le Soleil
l'ait premierement preparée, il est prealable de songer
à la subsistance de vos Gens, que de penser à vostre
profit. Le Manioc, les Fazeolles de toutes façons, les
Patates, Ignames, & le Mays ou Bled de Turquie, est ce
à quoy l'on doit occuper la Terre nouuellement défri-
chée, quoy que par nostre Obseruation nous ayons
connu que le Mays & les Patates ne viennent pas si bien
dans la Terre nouuelle, que dans celle qui a déja esté
cultiuée & échauffée par le Soleil.

L'on peut dans les Terres grasses planter en vn mesme
Champ, du Mays, des Fuzeolles, & du Manioc; mais il
faut obseruer que ce dernier se plaist plus dans les Terres
releuées & seches, & que les Cannes à Sucre profitent
bien dans les Terres basses, où l'Indigo ne vient point
du tout; mais demande les Colines & les Terres qui ne

font iamais noyées d'eau. Le Cotton vient par tout, &
les Arbres de Rocou de mefme.

Les meilleures marchandifes que l'on puiffe porter
en ce Païs, font les Toilles, obferuant que les plus cheres
ne paffent le prix de quarante fols l'aune en France;
Les Souliers, les petites Etoffes grifes pour habits, des
Bas de Chamois, des Serpes & Haches de Dieppe, & non
d'ailleurs : Et pour traitter auec les Indiens, il ne faut
que des Serpes, Haches, Couteaux, vieil Linge blanc
pour leur faire des Camifas pour couurir leurs parties;
de la Raffade blanche, & non d'autre couleur, & du
Criftal depuis numero 30. jufques à numero 44. quelques vieux Chapeaux qui ne foient pas tout à fait mef-
chans, & des Fuzils à faire du feu : Tout le refte des Ba-
bioles que la plufpart des Gens portent, leur demeure fur
les bras, & n'eft d'aucun commerce. Ainfi en s'attachant
aux chofes cy-deffus, l'on ne demeurera point chargé des
marchandifes de traitte, & l'on pourra tirer des Indiens
plufieurs chofes fort vtiles à de nouueaux Habitans.

Ie pourrois adjoufter plufieurs Obferuations neceffaires à de nouueaux Colons; mais la crainte de m'em-
baraffer en de longs difcours, qui ne plairoient pas à
tout le monde, fait que ie me fuis contenté de cotter les
chofes qui font les plus importantes; defquelles ie fou-
haite que ceux qui voudront peupler ces belles Terres,
tirent l'vtilité que tous ceux qui ont voulu trauailler y
ont rencontrée; & reconnoiffans par effet les veritez
que ie leur ay découuertes dans ce petit Traitté, m'en
ayent quelque obligation.

FIN.

www.ingramcontent.com/pod-product-compliance
Lightning Source LLC
LaVergne TN
LVHW010413060726
842526LV00005B/1648